Ökotopia

Bewegungs-
Spiele

Hits

W0039228

Impressum

AutorInnen	Andrea Erkert ~ Johanna Friedl ~ Constanze Grüger ~ Johnny Lamprecht ~ Brigitte Schanz-Hering ~ Susanne Weyhe
Redaktion	Katrin Röntgen
Covergestaltung	Volker Schönemann
Satz	art applied, Druckvorstufe Hennes Wegmann, Münster
ISBN	978-3-86702-150-0

1. Auflage
© 2011 Ökotopia Verlag, Münster

Inhalt

Bewegungsförderung mit Power-Hits

*A*uf die Plätze – fertig – los! Und schon sind wir mitten drin in einer sportlichen Mischung aus dynamischen Lauf-, Fang- und Ballspielen, mitreißenden Hüpf- und Tanzideen und Power-Aktionen zum Toben und Lachen. Ganz nebenbei werden so Grobmotorik, Körperwahrnehmung und Koordination, aber auch Gleichgewichtssinn, Reaktionsfähigkeit und Geschicklichkeit gefördert – eine optimale Unterstützung für eine gesunde kindliche Entwicklung!

Wie bei allen „Ökotopia-Hits" profitieren auch in Band 3 ErzieherInnen, PädagogInnen und Eltern von der Erfahrung aus über 25 Jahren Spielpädagogik: Alle Spiele stammen aus unseren bewährten Praxisbüchern verschiedener erfolgreicher AutorInnen und sind hier im handlichen Hosentaschenformat thematisch neu zusammengestellt. So können Sie überall und jederzeit loslegen: *Eins, zwei, drei – ich komme!!!*

Bewegte Spielaktionen wünscht

Ihr Ökotopia Verlag

Laufen & Fangen

Magnet-Boden

📖 C. Grüger: Bewegungsspiele
für eine gesunde Entwicklung

Alter: ab 4 Jahren

Alle Kinder laufen kreuz und quer durcheinander. Hin und wieder ruft die Spielleitung den Kindern ein Körperteil zu, mit dem sie schnell den Boden berühren, als wäre er magnetisch. Sie ruft z.B.: „Bauch" und alle Kinder legen sich schnell mit ihrem Bauch auf den Boden.
Erst wenn die Spielleitung laut in die Hände klatscht, ist die Magnetisierung aufgehoben. Die Kinder lösen sich vom Boden und laufen erneut durch den Raum.
Nach einer Weile steigert die Spielleitung den Schwierigkeitsgrad, indem sie zwei oder drei Körperteile benennt, die gleichzeitig vom Boden magnetisch angezogen werden. So entstehen die lustigsten Figuren, denn wie sieht es wohl aus, wenn die Kinder mit einem Knie, der Nasenspitze und einem Ellenbogen am Boden kleben?

Hühnertick

C. Grüger, S. Weyhe:
Kinder in Bewegung mit NaturMotorik

Hierbei geht es um Schnelligkeit, Ausdauer, gutes Reaktionsvermögen und Zusammenarbeit in der Gruppe.

Alter: ab 4 Jahren

In einem abgegrenzten Spielfeld verwandeln sich die Kinder in Hühner, die auf der Wiese umherlaufen. Doch plötzlich nähert sich der hungrige Fuchs und große Aufregung bricht unter den Hühnern aus.
Der Fuchs tickt ein Huhn ab. Das getickte Tier stellt sich mit gegrätschten Beinen auf die Wiese. Krabbelt ein anderes Huhn durch die Beine des getickten Huhns, ist das Huhn wieder befreit und kann weiterlaufen.

Variante für ältere Kinder
Die Hühner werden von mehreren Füchsen gejagt.

Der Sturm kommt

📖 C. Grüger, S. Weyhe:
Kinder in Bewegung mit NaturMotorik

Dieses Spiel unterstützt die Konzentration sowie die räumliche Wahrnehmung.

Alter: ab 3 Jahren
Material: viele Gymnastikreifen (1 weniger als Kinder)

Die Spielleitung verteilt zusammen mit den Kindern die Reifen weitläufig im Raum. Sie stellen Bäume dar, bei denen die Kinder bei Sturm Schutz suchen.
Alle Kinder stellen sich in einen Reifen. Ein Kind bleibt ohne Reifen stehen. Es ruft: *„Der Sturm kommt!"* Jetzt verlassen alle Kinder ihren Reifen und stellen sich schnell in einen anderen Reifen. Das rufende Kind sucht sich ebenfalls einen Reifen, in den es sich hineinstellt. Wer übrig bleibt, ruft: *„Der Sturm kommt!"* und das Spiel beginnt von Neuem.

Variante für ältere Kinder
Je älter die Kinder sind, desto weniger Kinder haben einen Reifen. So rufen zwei, drei oder auch vier Kinder gleichzeitig: *„Der Sturm kommt!"* und suchen sich einen neuen Reifen.

Wasser – Wasser – Wasser

C. Grüger, S. Weyhe:
Kinder in Bewegung mit NaturMotorik

Alter: ab 4 Jahren
Material: Bewegungsmusik

Die Spielleitung startet die Musik und alle Kinder laufen im Takt durch den Raum.

Die Spielleitung stoppt die Musik und nennt einen der unten beschriebenen Begriffe *„Pfütze"*, *„Platzregen"*, *„Hochwasser"*, *„Ebbe und Flut"*, den die Kinder in Bewegung umsetzen. Die Spielleitung startet die Musik nach kurzer Zeit wieder und die Kinder laufen erneut durch den Raum.

- **Pfütze:** Vier Kinder fassen sich an den Händen und bilden einen Kreis. Sie setzen oder knien sich dazu auf den Boden.
- **Platzregen:** Die Kinder trampeln mit den Füßen auf den Boden.
- **Hochwasser:** Die Kinder gehen mit großen Schritten vorwärts und heben die Beine dabei weit nach oben.
- **Ebbe und Flut:** Die Kinder laufen immer vier Schritte vor und wieder zurück.

Der Storch schnapp† zu

C. Grüger: Bewegungsspiele
für eine gesunde Entwicklung

Alter: ab 4 Jahren

Die Spielleitung bestimmt ein Kind, das den Storch spielt. Alle anderen Kinder sind Frösche und hüpfen entsprechend durch den Raum. Der Storch schreitet im Storchengang durch den Raum und hebt dazu die Beine, außerdem schlägt er seine gestreckten Arme vor sich als Schnabel auf und zu.

Der Storch hat schreckliches Hunger und begibt sich auf Froschjagd. Mit seinem langen Schnabel fängt er einen Frosch nach dem anderen. Dazu umfasst das Storch-Kind ein Frosch-Kind mit seinen Armen.

Hat der Storch einen Frosch gefangen, gibt es zwei Möglichkeiten:

1. Der gefangene Frosch tauscht mit dem Storch seine Rolle und wird zum neuen Storch.
2. Das Frosch-Kind wird in einen zweiten Storch verwandelt. Sind aus allen Fröschen Störche geworden, ist das Spiel zu Ende.

Freundschafts-Fußball

📖 J. Lamprecht:
Afrika bewegt uns

Alter: ab 6 Jahren
Material: 1 Tuch für die Hälfte der Kinder, Fußball

Je zwei Kinder stellen sich dicht nebeneinander auf. Der rechte Knöchel des linken Kindes und der linke Knöchel des rechten Kindes werden mit einem Tuch fest zusammengebunden.
Beide Teams bestehen aus solchen „Doppel-SpielerInnen", auch die TorhüterInnen. Die Regeln des „Freundschafts-Fußballs" sind die gleichen wie beim herkömmlichen Fußballspiel.

Zeitungslauf

C. Grüger: Bewegungsspiele für eine gesunde Entwicklung

Dieses Spiel eignet sich sehr gut für ausdauerschwache Kinder, denn sie können sich individuell Pausen nehmen.

Alter: ab 4 Jahren
Material: 1 Zeitungsblatt pro Kind

Die Spielleitung teilt jedem Kind ein Zeitungsblatt aus. Die Kinder falten das Blatt auseinander und halten es zunächst mit ihren Händen vor den Bauch. Sie laufen los und lösen die Hände vom Blatt: Durch den Luftzug heftet sich das Blatt an den Körper. Alle Kinder laufen so lange sie können durch den Raum, ohne ihr Zeitungsblatt zu verlieren.

Wem beim Laufen die Puste ausgeht und das Blatt herunterfällt, der macht eine kurze Pause, bevor er das Blatt an einen anderen Körperteil hält, z.B. an seine Hand oder seinen Arm.

Wer schafft es auch beim Rückwärtslaufen, die Zeitung an seinen Rücken oder sogar an seinen Po zu heften?

Variante für ältere Kinder

Die Kinder spielen in Paaren: Wird ein Kind beim Zeitungslauf müde, winkt es seinem Partner, der wartend bereitsteht. Dieser läuft neben ihm her, sodass die Zeitung im Laufen übergeben werden kann. Jetzt läuft das ausgeruhte Kind mit der Zeitung weiter und sein Partner kann sich erholen, bis wieder gewechselt wird.

Gemeinschaftsspiel

📖 J. Lamprecht:
Afrika bewegt uns

Alter: ab 5 Jahren

Alle Kinder laufen frei durch den Raum, während die Spielleitung Zahlen von Zwei bis Sechs ruft. Die Kinder finden sich passend dazu in Grüppchen zusammen: Ruft die Spielleitung z.B.: *„Drei",* stellen sich blitzschnell immer drei Kinder zusammen und halten sich an den Händen.
Hinweis: Je nach Gruppengröße und Zählfähigkeit der Kinder kann die Spielleitung auch Zahlen zwischen Zwei und Zehn nennen.

Variante
Die Kinder setzen sich in der passenden Anzahl zusammen im Kreis auf den Boden oder mit dem Rücken aneinander.

Ferkelfangen

C. Grüger, S. Weyhe:
Kinder in Bewegung mit NaturMotorik

Dieses Spiel fördert Grundschnelligkeit, Wendigkeit und Reaktionsvermögen, aber auch die Hand-Auge-Koordination.

Alter: ab 4 Jahren
Material: 1 Wäscheklammer pro Kind

Jedes Kind erhält eine Wäscheklammer als Ferkel-Ringelschwänzchen und steckt diese am Rücken seines Pullovers fest.
Ein Kind wird zum Schwänzchenklauer bestimmt und schnappt den Ferkeln innerhalb eines begrenzten Spielfelds die Schwänzchen weg. Ist ein Schwänzchen geklaut, hockt sich das Kind auf dem Spielfeld auf den Boden und stellt so ein Hindernis für die laufenden Kinder dar.
Dieses Spiel kann einige Male wiederholt werden.

Würfelungeheuer

C. Grüger: Bewegungsspiele
für eine gesunde Entwicklung

Alter: ab 4 Jahren
Material: großer (Schaumstoff-)Würfel

Alle Kinder stellen sich in einem Kreis auf und eines der Kinder wirft den Würfel in die Mitte. Hat es eine Zahl von Eins bis Fünf gewürfelt, ist das nächste Kind mit Würfeln an der Reihe.

Wer allerdings eine Sechs würfelt, wird zum Würfelungeheuer! Alle Kinder laufen schnell vor ihm davon, um sich nicht fangen zu lassen. Hat das Würfelungeheuer ein Kind erwischt, setzt sich dieses auf den Boden.

Während das Würfelungeheuer Jagd auf alle Kinder macht, würfeln diese zwischendurch immer wieder schnell, denn erst wenn eine Eins gewürfelt wird, verliert das Würfelungeheuer seine Kraft und kann keine Kinder mehr fangen. Alle Kinder kommen wieder im Kreis zusammen und eine neue Würfelrunde beginnt.

Werfen & Zielen

Namenball

J. Friedl:
Das Ballspiele-Buch

Alter: ab 5 Jahren
Material: weicher (Schaumstoff-)Ball

Alle Kinder stellen sich im Kreis auf und ein Kind steht mit dem Ball in der Mitte.
Es wirft den Ball hoch in die Luft, ruft laut den Namen eines Kindes und läuft schnell davon. Während das angerufene Kind versucht, den Ball zu erwischen, rennen auch alle anderen davon. Sobald das Kind den Ball in den Händen hält, ruft es laut: *„Stopp!"*
Sofort müssen alle stehen bleiben. Gelingt es dem Kind, mit dem Ball von seinem Platz aus ein anderes Kind abzuwerfen, darf es als nächstes Kind in die Mitte und einen neuen Namen rufen. Wurde das Kind nicht getroffen, darf dieses für die nächste Runde in die Kreismitte.

Durchrollen

📖 J. Friedl:
Das Ballspiele-Buch

Alter: ab 3 Jahren
Material: (Gymnastik-)Reifen und Bälle

Die Spielleitung oder ein Kind lässt einen Reifen durch den Raum rollen. Die anderen Kinder zielen mit einem Ball durch den rollenden Reifen. Wer getroffen hat, darf als Nächster den Reifen rollen.

Variante für ältere Kinder

Der Ball muss nach dem Durchrollen des Reifens schnell wieder eingeholt und erneut durchgerollt werden. Wie oft gelingt das innerhalb einer vorgegebenen Strecke?

Handtuchweitwurf

C. Grüger: Bewegungsspiele
für eine gesunde Entwicklung

Alter: ab 3 Jahren
Material: 1 langes Handtuch pro Kind, Kreide oder Seil;
evtl. Reifen

Mithilfe der Spielleitung macht jedes Kind einen großen
Knoten in sein Handtuch.
Die Spielleitung markiert mit der Kreide oder dem Seil
eine Linie, hinter der sich die Kinder aufstellen. Von dort
aus üben die Kinder ihren Handtuchweitwurf auf ver-
schiedene Arten:

- Sie werfen die Handtücher so weit wie möglich um
  die Wette.
- **Ältere Kinder** üben den Handtuchweitwurf rückwärts.
- Die Kinder suchen sich ein bestimmtes Ziel und werfen mit ihren Handtüchern darauf.
- Die Spielleitung hält in einem zunächst geringen
  Abstand einen Reifen hoch, durch den die Kinder
  ihre Handtücher werfen.

Abrollen

📖 J. Friedl:
Das Ballspiele-Buch

Alter: ab 3 Jahren
Material: 1 Ball pro Kind

Je nach Gruppengröße werden ein oder mehrere Kinder als „SpaziergängerInnen" bestimmt, die durch den Raum spazieren. Alle anderen nehmen sich einen Ball und stellen sich entlang der Wände (oder zu einem großen Kreis) auf.
Auf ein Zeichen lassen sie ihre Bälle durch den Raum rollen und zielen dabei auf die Füße der SpaziergängerInnen. Wer einen Fuß mit seinem Ball trifft, tauscht die Rolle mit dem getroffenen Kind und geht nun selbst umher.

Wasserkegeln

📖 J. Friedl:
Das Ballspiele-Buch

Ein Spiel für den Sommer.

Alter: ab 5 Jahren
Material: 1 Plastikflasche und 1 Ball pro Kind, wasserfeste Stifte, Kreide oder Seil

Jedes Kind markiert seine Flasche mit einem persönlichen großen Zeichen o.Ä. und füllt sie mit Wasser. Alle Flaschen werden ohne Deckel draußen auf einer Linie aufgestellt. Parallel dazu markiert die Spielleitung in einiger Entfernung eine Abwurflinie, hinter der sich alle Kinder mit einem Ball aufstellen.

Auf ein Startzeichen rollen die Kinder ihren Ball gegen die gegnerischen Flaschen. Aber aufgepasst! Jedes Kind muss die eigene Flasche im Auge behalten, denn wenn sie umfällt, muss das Kind sofort losrennen und seine Flasche wieder aufstellen.

Gewonnen hat, wer nach mehreren Durchgängen noch am meisten Wasser in seiner Flasche hat.

Hinweise:

- Der Abstand zwischen den Kindern und den Kegeln kann den Bedürfnissen angepasst werden.
- Mit einem größeren Ball wird es leichter, die Flaschen umzustoßen.

Freies Feld

C. Grüger: Bewegungsspiele
für eine gesunde Entwicklung

Alter: ab 4 Jahren
Material: lange Schnur oder Wäscheleine, Zeitungen

Die Spielleitung spannt die Schnur in ca. 1 m Höhe zwischen zwei Wänden oder Bäumen, sodass zwei gleich große Spielfelder entstehen.
Währenddessen zerknüllen die Kinder die Zeitungen zu kleinen Zeitungsbällen, bis jedes Kind drei Bälle hergestellt hat.
Die Kinder bilden zwei Teams und stellen sich mit ihren Zeitungsbällen auf die beiden Felder. Die beiden Teams haben die Aufgabe, ihr Feld von allen Zeitungsbällen zu befreien. Dazu werfen sie zunächst ihre eigenen Bälle über die gespannte Schnur in das gegnerische Feld und dann immer wieder alle Bälle, die zurückgeworfen werden.
Welches Team schafft es, dass für einen Augenblick in seinem Feld keine Bälle mehr liegen?

Täuschen

📖 J. Friedl:
Das Ballspiele-Buch

Hier sind gute Nerven, Reaktionsvermögen und viel Konzentration gefragt!

Alter: ab 5 Jahren
Material: Ball

Alle Kinder stellen sich im Kreis auf und halten ihre Hände hinter den Rücken. Ein Kind stellt sich mit dem Ball in die Mitte und täuscht die Kinder im Kreis, indem es manchmal nur so tut, als wolle es einem Kind den Ball zuwerfen, ein anderes Mal den Ball aber wirklich wirft. Die Kinder im Kreis dürfen sich nicht täuschen lassen und die Hände nur hinter dem Rücken hervorholen, wenn der Ball wirklich angeflogen kommt. Wer die Hände zum falschen Zeitpunkt oder zu langsam nach vorne nimmt und den Ball fallen lässt, tauscht mit dem Kind in der Mitte den Platz.

Luft, Wasser, Erde und Feuer

J. Friedl:
Das Ballspiele-Buch

Alter: ab 5 Jahren
Material: Ball

Die Kinder stehen im Kreis und ein Kind geht mit dem Ball in die Mitte. Es wirft den Ball einem Kind zu und nennt ihm eines der drei Elemente Luft, Wasser oder Erde. Das Kind, das den Ball fängt, nennt schnell ein Tier, das in diesem Element lebt, und wirft den Ball zurück. Zum Beispiel: *Luft – Schmetterling, Wasser – Forelle, Erde – Maus ...* Jedes Tier darf nur einmal genannt werden.
Wirft das Kind den Ball hoch in die Luft und ruft dazu: „*Feuer*", müssen alle so schnell wie möglich den Ball berühren. Wer den Ball zuletzt berührt, geht in die Mitte für die nächste Spielrunde.

Wackelkiste

C. Grüger: Bewegungsspiele für eine gesunde Entwicklung

Alter: ab 5 Jahren
Material: 1 kleiner Medizinball und 1 große leere Getränkekiste pro Kind, 1 Stofftier pro Kinderpaar

Die Spielleitung teilt an jedes Kind einen Medizinball und eine leere Getränkekiste aus. Die Kinder finden sich paarweise zusammen und suchen sich gemeinsam ein Stofftier aus.
Die Kinder legen ihre Medizinbälle in einem zunächst geringen Abstand zueinander auf den Boden und stülpen die leeren Getränkekisten kopfüber darüber. Jedes Kind stellt sich auf seine „Wackelkiste" und beide werfen sich ihr Stofftier so lange zu, bis einer von der Kiste fällt. Die Kinder können dabei zählen, wie oft sie es schaffen, das Stofftier zu fangen, bis einer herunterfällt. Welches Kinderpaar schafft die meisten Würfe mit dem Stofftier?
Wer sich sicherer fühlt, vergrößert den Abstand der Wackelkisten zueinander.

Siamesische Zwillinge

J. Friedl:
Das Ballspiele-Buch

Alter: ab 6 Jahren
Material: Wasser- oder Softball

Die Kinder finden sich paarweise zusammen und stellen sich im Kreis auf. Sie bilden zusammen ein Zwillingspaar, indem sie sich gegenseitig einen Arm um die Hüften legen.
Ein Kind oder die Spielleitung steht mit dem Ball in der Mitte und wirft ihn einem Zwillingspaar zu. Die beiden dürfen beim Fangen ihre Umfassung nicht lösen, d.h. sie müssen den Ball gemeinsam jeweils nur mit der freien Hand auffangen.
Wenn es ihnen gelingt, werfen sie den Ball einfach zurück. Fällt der Ball zu Boden, lassen die Zwillinge einander los und versuchen getrennt den Ball zu erwischen. Wer den Ball schließlich in den Händen hat, tauscht mit dem Kind in der Mitte.

Tauziehen & Federpusten

Tauziehen im Kreis

A. Erkert:
Das Kreisspiele-Buch

Alter: ab 5 Jahren
Material: 1 Rundtau (ca. 3 m ø) pro Kleingruppe, große
Turnmatten

Die Kinder bilden Kleingruppen mit jeweils acht bis zwölf
Kindern. Jede Kleingruppe holt sich ein Rundtau und legt
die Matten zu einem großen Viereck auf den Boden. Die
Kinder stellen sich so im Kreis auf, dass die Matten di-
rekt hinter ihnen liegen.
Ruft die Spielleitung: *„An die Seile – fertig – los!"*, nehmen alle Kinder ihr Rundseil in die Hände, lehnen sich
langsam mit dem Körper nach hinten und lassen die Füße
stehen, indem sie sich am Seil festhalten. Das funktio-
niert nur, wenn sich alle Kinder gleichmäßig nach außen
lehnen. Wie weit können sich die Kinder nach außen lehnen, bevor der Kreis kippt und eine Reihe Kinder auf den
Po fallen? Und welche Gruppe kann den Kreis am längsten halten?

Tücher fangen

📖 C. Grüger: Bewegungsspiele
für eine gesunde Entwicklung

Alter: ab 3 Jahren
Material: 1 Tuch pro Kind, Kreide oder 1 Seil pro Kinderpaar; evtl. Alltagsmaterialien wie Kartons, Bierdeckel, Becher...

Jedes Kind nimmt sich eins der Tücher und sucht sich einen Partner.
Die beiden Kinder stellen sich zunächst mit geringem Abstand einander gegenüber auf und schauen sich an.
Sie werfen ihr Tuch gleichzeitig so hoch sie können in die Luft, laufen schnell auf den Platz des anderen Kindes und fangen dort dessen Tuch auf, bevor es den Boden berührt. Die Spielleitung gibt dafür verschiedene Spielformen vor:

- Der Abstand zwischen den beiden Kindern wird mit der Kreide oder den Seilen auf dem Boden gekennzeichnet und langsam so weit erhöht, wie es das Können der Kinder erlaubt.

- Die Kinderpaare suchen sich verschiedene Alltagsmaterialien aus, die sie zwischen sich in die Mitte legen. Diese Hindernisse müssen die Kinder überspringen, darum herumlaufen oder darüber steigen, bevor sie das Tuch fangen. Aufgepasst – hier müssen sich die Kinder gut abstimmen, damit es keine Zusammenstöße gibt!

Federpusten

C. Grüger: Bewegungsspiele
für eine gesunde Entwicklung

Alter: ab 4 Jahren
Material: 1 Feder pro Kind

Die Spielleitung teilt an jedes Kind eine Feder aus.
Die Kinder legen die Feder auf ihre Hand. Sie holen tief durch die Nase Luft und pusten ihren Atem durch den spitz geformten Mund wieder aus, sodass die Feder in der Luft schwebt. Die Kinder halten die Feder nur mit ihrem Atem in der Luft, ohne dass sie auf den Boden gleitet. Dabei achtet die Spielleitung darauf, dass immer durch die Nase ein- und durch den Mund ausgeatmet wird.

Wo läuft Jana?

📖 A. Erkert:
Das Kreisspiele-Buch

Alter: ab 5 Jahren
Material: 1 Gymnastikreifen

Die Kinder bilden einen Kreis und ein Kind stellt sich mit einem Gymnastikreifen in die Mitte. Während alle Kinder hintereinander im Kreis herum laufen, stellt das Kind den Reifen auf den Boden und bringt ihn mit Schwung in eine Kreiselbewegung. In diesem Moment ruft die Spielleitung den Namen eines der Kinder im Kreis. Das Kind in der Mitte schaut sich rasch um, um das genannte Kind in dem sich weiterbewegenden Kreis zu finden. Kann es das Kind entdecken und abschlagen, bevor der immer flacher kreiselnde Reifen auf dem Boden liegen bleibt, tauschen die beiden Kinder ihre Plätze und das Spiel beginnt von vorn. Wenn nicht, bleibt das Kind noch eine weitere Runde in der Mitte.

Seiltanz

C. Grüger: Bewegungsspiele
für eine gesunde Entwicklung

Alter: ab 3 Jahren
Material: 1 Seil pro Kind, mehrere Sandsäckchen

Die Spielleitung verteilt an jedes Kind ein Seil. Alle Kinder sind SeiltänzerInnen und üben kleine Kunststücke auf dem Seil. Dazu ziehen sie Schuhe und Strümpfe aus und legen das Seil vor sich auf den Boden.
Alle Kinder balancieren zunächst vorwärts über das Seil. Später gehen sie auch rückwärts, ohne das Gleichgewicht zu verlieren.
Wer möchte, legt sich zwei oder drei Sandsäckchen als Hindernisse auf das Seil. Beim Balancieren steigen die Kinder vorsichtig über die Säckchen, ohne aus dem Gleichgewicht zu geraten.

Das Stromspiel

📖 J. Lamprecht:
Afrika bewegt uns

Alter: ab 5 Jahren
Material: 1 Löffel pro Team, Paketband

Die Kinder bilden mehrere gleich große Teams mit max.
fünf Kindern. Für jedes Team wird das Ende einer langen
Schnur an einem Löffel festgeknotet. Für die Länge der
Schnur rechnet die Spielleitung ca. 1,5 m pro Kind.
Die Kinder jedes Teams stellen sich im Kreis auf. Ein Kind
steckt den Löffel mit der Schnur von unten durch ein Hosenbein und führt ihn weiter unter der Kleidung her nach
oben durch Hemd oder Pullover und durch den Ärmel
wieder raus zum Nachbarkind, das den Löffel auf die gleiche Reise schickt.
Zieht das letzte Teamkind den Löffel wieder aus dem
Ärmel hervor, verknotet es ihn mit dem Schnurende am
Hosenbein des ersten Kindes: Der Stromkreis ist ge-
schlossen! Welches Team das zuerst geschafft hat, gewinnt die Runde.

Kreisen

J. Friedl:
Das Ballspiele-Buch

Alter: ab 3 Jahren
Material: verschiedenartige Bälle (z.B. Gummiball, Tischtennisball, Tennisball, Igelball ...)

Alle Kinder stehen eng im Kreis und halten die Hände mit den Handflächen nach oben dicht nebeneinander. Ein kleiner Ball wird auf eine Hand in der Runde gelegt und soll langsam von Hand zu Hand durch die Runde rollen, ohne herunterzufallen. Das gleiche Spiel wird mit verschiedenen Bällen wiederholt.

Varianten für ältere Kinder
* Die Kinder rollen den Ball auf den Handflächen in die eine Richtung und auf dem Handrücken wieder zurück.
* Bei einer großen Gruppe bilden die Kinder zwei Teams mit zwei Kreisen. Auf ein Startzeichen rollen die Bälle los. In welcher Gruppe kommt der Ball schneller wieder am Start an?

Hinweis: Wenn ungeübte Kinder mitspielen, wird anstatt des Kreises eine Reihe gebildet und diese Kinder stehen am Anfang oder am Ende der Reihe.

Besenball

J. Friedl:
Das Ballspiele-Buch

Alter: ab 4 Jahren
Material: Stöcke oder Stühle, Ball, 1 Besen pro Kind

Ein rechteckiges Spielfeld wird markiert und auf jeder Seite mit Stöcken oder Stühlen ein Tor gekennzeichnet. In die Mitte des Spielfelds wird ein Ball gelegt.
Auf ein Startsignal hin spielen zwei Kinder gegeneinander, indem sie den Ball mit dem Besen ins gegnerische Tor treiben.

Variante für ältere Kinder
Zwei Teams treten gegeneinander an.
Hinweis: Für jüngere Kinder ist die Verletzungsgefahr beim Teamspiel zu groß, deshalb spielen sie nur zu zweit.

Fuchsjagd

📖 C. Grüger: Bewegungsspiele
für eine gesunde Entwicklung

Alter: ab 5 Jahren
Material: 3–5 Luftballons pro Kind, Kordel, Schere;
evtl. etwas Sand

Die Kinder spielen im Freien auf einer weichen Wiese.
Die Spielleitung bläst gemeinsam mit den Kindern zunächst drei bis fünf Luftballons auf und verknotet sie.
Um den Knoten jedes Luftballons wird mit einem Ende
ein Stück Kordel in der Länge von ca. 1,5 bis 2 m gebunden.
Ein Kind spielt den Fuchs und befestigt das freie Ende der
Kordeln als Fuchsschwanz an seiner Hose (Gürtelschlaufe
o.Ä.), sodass die Ballons bis auf den Boden herabhängen.
Alle anderen Kinder jagen den Fuchs und laufen hinter
ihm her, um alle Ballons zu zertreten. Das ist gar nicht so
leicht, denn die Ballons rutschen schnell unter dem Fuß
weg und so manch einer findet sich plötzlich auf dem
weichen Wiesenboden wieder!
Sind alle Luftballons zerplatzt, bestimmt die Spielleitung
einen neuen Fuchs, bis jedes Kind einmal an der Reihe
war.
Hinweis: Damit die Ballons vom Wind nicht ständig in
die Luft gewirbelt werden, kann die Spielleitung in jeden
Ballon ein wenig Sand füllen.

Handtuchduell

📖 C. Grüger: Bewegungsspiele
für eine gesunde Entwicklung

Alter: ab 5 Jahren
Material: 2 leere Getränkekisten und 1 Badetuch pro Kinderpaar

Die Kinder suchen sich einen Partner und nehmen zwei leere Getränkekisten und ein Badetuch. Die Kisten stellen sie in einem geringen Abstand zueinander verkehrt herum auf und stellen sich mit dem Badetuch in sicherem Abstand auf die Kisten, sodass jeder ein Ende des Handtuchs in der Hand hält.

Durch Ziehen und Zerren am Handtuch bringen sich die Kinder gegenseitig aus dem Gleichgewicht, sodass schließlich eins von beiden von der Kiste fällt. Das Handtuch darf dabei von beiden Kindern nicht losgelassen werden, besonders dann nicht, wenn eines der Kinder ins Wanken gerät!

Wer das Badetuch loslässt, hat verloren. Wer am längsten auf der Kiste stehen bleibt, gewinnt das Handtuchduell.

Wer fängt das Licht?

📖 C. Grüger: Bewegungsspiele
für eine gesunde Entwicklung

Bei diesem Spiel wird nicht nur die Ausdauer, sondern auch die Reaktionsschnelligkeit der Kinder angesprochen.

Alter: ab 5 Jahren
Material: Taschenlampe

Die Spielleitung dunkelt den Raum so ab, dass der Lichtstrahl einer Taschenlampe zu erkennen ist, und alle Kinder verteilen sich im Raum.
Mit der Taschenlampe leuchtet die Spielleitung auf dem Boden umher und lässt den Lichtstrahl zwischen den Kindern tanzen. Gelingt es einem Kind auf den Lichtstrahl zu treten und ihn damit einzufangen, darf es selbst mit der Lampe leuchten.
Nach einiger Zeit leuchten die Kinder nicht nur auf den Boden, sondern beziehen auch die Wände mit ein und fangen den Strahl dort mit den Händen.
Welches Kind erhascht den Lichtstrahl am häufigsten?
Hinweis: Manchmal ist es vielleicht nicht ganz so eindeutig, wer den Lichtstrahl wann gefangen hat – in solchen Fällen fungiert die Spielleitung als SchiedsrichterIn. Sie kann durch ihre Entscheidungen besonders ausdauerschwachen Kindern zu motivierenden Erfolgserlebnissen verhelfen.

Tanzen & Klatschen

Alle tanzen so wie ich!

A. Erkert:
Das Kreisspiele-Buch

Alter: ab 4 Jahren
Material: Tanzmusik, Softball

Die Kinder bilden gemeinsam mit der Spielleitung einen Kreis. Die Spielleitung stellt die Musik an und nimmt den Ball mit in den Kreis. Sie ruft den Vornamen eines Kindes und wirft ihm den Ball zu. Das Kind macht im Takt zur Musik eine Tanzbewegung vor, die alle anderen Kinder nachahmen. Ist der Ball dabei störend, wird er auf dem Boden abgelegt. Das Kind springt z.B. von einem Fuß auf den anderen, wiegt sich hin und her, schwingt die Arme von vorn nach hinten oder dreht sich im Kreis um sich selbst.
Hat es keine Lust mehr, bleibt es stehen, ruft den Namen eines anderen Kindes und wirft ihm den Ball zu. Das neue Kind setzt das Spiel mit einer anderen Bewegung fort.

Musikstopp

C. Grüger: Bewegungsspiele
für eine gesunde Entwicklung

Zusätzlich zur Reaktionsfähigkeit wird bei diesem Spiel auch die auditive Wahrnehmung besonders geschult.

Alter: ab 3 Jahren
Material: Bewegungsmusik

Die Spielleitung stellt die Musik an und alle Kinder tanzen dazu. Immer wenn die Spielleitung die Musik anhält, ruft sie den Kindern eine Bewegungsaufgabe zu wie z.B. hüpfen, rückwärts gehen, hinken, schleichen, krabbeln usw. Die Kinder setzen die Bewegung schnell um und führen sie so lange durch, bis die Spielleitung die Musik wieder laufen lässt.

Komm und tanz mit mir!

A. Erkert:
Das Kreisspiele-Buch

Alter: ab 4 Jahren
Material: Tanzmusik, Handtrommel

Die Kinder bilden einen Innen- und einen Außenkreis, in
dem sie sich als Paare gegenüberstehen. Dabei überkreu-
zen sie ihre Arme und geben ihrem Partnerkind die
Hände.
Erklingt die Musik, tanzen die Kinder paarweise im Uhrzeigersinn rhythmisch auf der Kreisbahn herum. Trom-
melt die Spielleitung einmal kräftig, lösen sich die Paare
voneinander und die Kinder im Innenkreis rücken ein
Kind weiter nach rechts. Bis zum nächsten Trommelschlag tanzen sie mit dem neuen Partner.

Variante für ältere Kinder

Die Spielleitung ruft zum Trommelschlag eine niedrige
Zahl, z.B.: „drei", sodass die Kinder im Innenkreis nicht
zum nächsten Kind weitergehen, sondern laut im Takt
zählend drei Kinder weitergehen. Finden sich alle neuen
Paare ohne Durcheinander zusammen?

Krokodiltanz

C. Grüger: Bewegungsspiele
für eine gesunde Entwicklung

Alter: ab 4 Jahren
Material: mind. 6 Wäscheklammern pro Kind in mehreren Farben, Musik

Die Spielleitung verteilt die Wäscheklammern auf dem Boden und stellt die Musik bereit. Die Kinder spielen Krokodile, die sich nur durch Tanzmusik vom Fressen abhalten lassen! Die Wäscheklammern stellen kleine bunte Fische dar, die im Wasser schwimmen.

Wenn die Spielleitung die Musik abspielt, beginnen alle Krokodile zu tanzen. Stoppt die Spielleitung die Musik, ruft sie laut eine Farbe. Alle Krokodile setzen sich sofort in Bewegung auf der Suche nach „Fischen" in dieser Farbe und fressen möglichst viele von ihnen – schließlich haben sie großen Hunger nach dem Tanzen! Die Kinder stecken sich dazu die entsprechenden Wäscheklammern vor ihrem Bauch an ihr T-Shirt.

Sobald die Musik wieder läuft, fressen die Krokodile keine Fische mehr, sondern beginnen sofort wieder begeistert zu tanzen. Haben die Krokodile am Ende des Spiels alle Fische gefressen, schaut die Spielleitung, welches Kind die meisten Wäscheklammern angesteckt hat.

Glockenklang

📖 A. Erkert:
Das Kreisspiele-Buch

Alter: ab 4 Jahren
Material: Kreide oder Seile, Tanzmusik, 1 Glocke pro
Kleingruppe

Die Kinder bilden Kleingruppen von fünf bis sechs Kindern. Die Spielleitung markiert auf dem Boden für jede Kleingruppe einen großen Kreis, um den sich die Kinder herum aufstellen. In jede Kreismitte legt die Spielleitung eine Glocke und schaltet die Tanzmusik ein, zu der die Kinder kreuz und quer um ihren Kreis herum tanzen.
Stoppt die Musik, laufen alle Kinder zur Kreismitte, um die Glocke zu läuten. Wer schafft das in jeder Kleingruppe als Erster? Anschließend beginnt eine neue Spielrunde.

Clap, clap hands

B. Schanz-Hering:
Englische Bewegungshits

Die Kinder machen die Bewegungen zum folgenden traditionellen englischen Sprechreim im Kreis im Sitzen oder im Stehen. Die fett gedruckten Silben werden beim Sprechen betont.

Clap, clap **hands,** one, two, **three,**
im Rhythmus in die Hände klatschen; je Wort ein Klatscher
Put your **hands** up**on** your **knees,**
Hände auf die Knie legen
Lift them **high** to **touch** the **sky,**
beide Arme in die Luft halten
Clap, clap **hands** and a**way** they **fly.**
dreimal in die Hände klatschen und Hände über den Kopf erhoben „wegfliegen" lassen

Teddy bear, teddy bear

B. Schanz-Hering:
Englische Bewegungshits

Alle Kinder sagen den traditionellen englischen Sprechreim gemeinsam im Kreis auf und machen die passenden
Bewegungen dazu. Die fett gedruckten Silben werden
beim Sprechen betont.

Teddy bear, **ted**dy bear, **turn** a**round,**
einmal im Uhrzeigersinn um sich selbst drehen
Teddy bear, **ted**dy bear, **touch** the **ground.**
den Boden berühren
Teddy bear, **ted**dy bear, **reach** up **high,**
wieder hochkommen, Arme gehen in die Luft
Teddy bear, **ted**dy bear, **touch** the **sky.**
beide Arme gestreckt nach oben halten
Teddy bear, **ted**dy bear, **bend** down **low,**
nach unten bücken
Teddy bear, **ted**dy bear, **touch** your **toe.**
Zehen berühren

Wiper wish-wash

B. Schanz-Hering:
Englische Bewegungshits
© W. Hering / B. Schanz-Hering

Alle Kinder stehen im Kreis. Die geöffneten Handflächen zeigen nach oben. Die rechte Hand wird auf die linke Hand des rechten Nachbarn gelegt, die linke unter die rechte Hand des linken Nachbarn.

Während der Reim gesprochen wird, geht ein Klatschimpuls reihum. Für jede Silbe gibt es einen Klatscher. Dabei kommt der Impuls vom rechten Nachbarn und wird – nach einer Bogenbewegung vor dem Körper – an den linken Nachbarn weitergegeben.

Beim Zählen am Schluss versucht das Kind, auf dessen Hand bei „three" geklatscht wird, seine Hand wegzuziehen. Gelingt das, muss der rechte Nachbar ausscheiden. Klappt es nicht, geht es selbst aus dem Kreis.

Das Spiel dauert so lange, bis einer übrig bleibt. Alle Ausgeschiedenen bilden einen Außenkreis und sagen weiter den Vers mit auf:

Wiper wish-wash, wiper wish-wash,
Wiper wish-wash, one, two, three.

One potato,
two potatoes

📖 B. Schanz-Hering:
Englische Bewegungshits

Dieser kleine traditionelle Vers eignet sich als Auszähl-reim oder für ein einfaches rhythmisches Klatschspiel, bei dem die Gruppe in zwei Hälften aufgeteilt wird. Die eine Gruppe klatscht auf jede betonte (fett gedruckte) Silbe; die andere stampft mit den Füßen, aber nur dann, wenn die Zahlen gesprochen werden.

One potato, **two** potatoes, **three** potatoes, **four,**
Five potatoes, **six** potatoes, **se**ven potatoes **more.**

Es ergibt sich folgendes Muster:
Stampfen   Stampfen
Klatschen   Klatschen   Klatschen   Klatschen etc.

Das durchzuhalten ist für manche gar nicht so einfach. Die Spielleitung übt das Klatschen und Stampfen des-halb zunächst ohne Text.
Hinweis: Das Stampfen kann z.B. auch durch Patschen auf die Knie ersetzt werden.

One, two, three, four

B. Schanz-Hering:
Englische Bewegungshits

Der Vers kann als Echospiel gestaltet werden. Die Spielleitung oder eine Hälfte der Gruppe spricht Zeile für Zeile
vor und die anderen wiederholen.
Dazu werden in der ersten Zeile die Hände rhythmisch
auf und nieder bewegt, in der zweiten wird geklatscht
(pro Wort ein Klatscher).
In der Pause kann mit etwas Übung weitergeklatscht
werden.
Auf „*Stamp your feet*" dreimal mit den Füßen stampfen
(pro Wort einmal), auf „*wink an eye*" einmal mit dem
rechten und einmal mit dem linken Auge blinzeln.
Das „*goodbye*" wird ganz laut herausgerufen und dabei
allen zugewunken.

One, two, three, four,
Clap your **hands** once **more.**
Stamp your **feet** and **wink** an **eye,**
Time to **say** good**bye.**

Toben & Spielen

Boxball

C. Grüger: Bewegungsspiele
für eine gesunde Entwicklung

Alter: ab 4 Jahren
Material: Luftballon, Trichter, Sand, Kordel

Die Spielleitung füllt einen Luftballon mit Sand, ohne dass er zu schwer wird. Sie verknotet den Ballon und befestigt am Knoten eine Kordel, an der sie ihn an der Decke oder an einem Ast aufhängt.
Nun können sich die Kinder im Boxen üben oder einfach Wut und Ärger Luft machen – am Boxball ist alles erlaubt!

Hinweise:
- Am besten sucht die Spielleitung einen Platz aus, an dem der Boxball längere Zeit hängen bleiben kann, sodass er den Kindern bei Bedarf immer zur Verfügung steht.
- Die Spielleitung achtet darauf, dass die Kinder vor dem Spielen mit dem Boxball Uhren und Ringe ablegen, sonst reißt der Ballon!

Kissenschleuder

C. Grüger: Bewegungsspiele
für eine gesunde Entwicklung

Alter: ab 4 Jahren
Material: 1 Luftballon pro Kinderpaar, 1 kleines Kissen
pro Kind; evtl. 1 Glöckchen pro Luftballon

Die Kinder finden sich zu Paaren zusammen, nehmen sich
einen Luftballon und zwei Kissen und pusten den Ballon
auf. Wer mag, gibt vor dem Aufpusten noch ein Glöckchen in den Ballon.
Der verknotete Ballon wird auf den Boden gelegt und die
Kinder werfen abwechselnd mit ihrem Kissen auf den
Ballon, bis dieser platzt. Die Spielleitung teilt bei Bedarf
weitere Ballons aus.

Wettziehen

📖 J. Lamprecht:
Afrika bewegt uns

Alter: ab 6 Jahren
Material: Kreide oder Seil

Die Kinder teilen sich in zwei gleich große Teams auf. Beide Teams bilden jeweils eine Schlange, bei der die beiden vorderen Kinder die Rolle der Teamkapitäne übernehmen und sich die anderen Kinder an der Hüfte des jeweiligen Vorderkindes festhalten.
Beide Schlangen stellen sich von zwei Seiten an einer markierten Linie auf und die beiden Kapitäne halten sich über der Linie an den Händen fest. Auf ein Kommando der Spielleitung beginnt das Wettziehen: Alle Kinder ziehen so fest sie können an den Hüften des Kindes vor ihnen. Das Team, das den gegnerischen Kapitän über die Trennlinie zieht, gewinnt!

Wilder Ritt

📖 C. Grüger: Bewegungsspiele
für eine gesunde Entwicklung

Alter: ab 3 Jahren
Material: 1 Seil pro Paar, 4 Gymnastikreifen

Die Kinder finden sich paarweise zusammen und nehmen sich ein Seil. Die Spielleitung verteilt am Rand des Raums vier Reifen als Pferdetränken.

Jeweils ein Kind spielt das Pferd: Es legt sich das Seil in den Nacken und führt es unter seinen Armen hindurch. Das andere Kind spielt den Reiter. Er greift nach den beiden Seilenden und nimmt sie wie Zügel in die Hand.

Der Reiter bestimmt durch Ziehen an den Zügeln die Richtung, in die das Pferd laufen soll. Außerdem ruft er dem Pferd zu, ob es Trab, Galopp oder auch Schritt gehen soll.

Ist das Pferd genug gelaufen und wird müde, läuft es zu einer Tränke und ruht sich ein wenig aus. Danach tauschen die Kinder ihre Rollen.

Handtuch-Rutschbahn

C. Grüger: Bewegungsspiele
für eine gesunde Entwicklung

Alter: ab 4 Jahren
Material: 1 Handtuch für 3 Kinder

In einem großen Raum mit glattem Boden (Laminat, Flie-sen ...) finden sich die Kinder zu Dritt in einer Gruppe zu-sammen und nehmen sich ein Handtuch.
Sie breiten es auf dem Boden aus und ein Kind aus jedem Team nimmt darauf im Schneidersitz Platz. Die beiden anderen Kinder fassen je einen Zipfel des Handtuchs und ziehen es mit dem sitzenden Kind über den Boden. Bei dieser wilden Rutschpartie das Gleichgewicht nicht zu verlieren, ist nicht nur in den Kurven schwierig!
Die Kinder tauschen zweimal ihre Rollen, sodass jedes Kind einmal gezogen wurde. Die Spielleitung kann ver-schiedene Bewegungsideen vorgeben, wobei sie darauf achtet, dass die Kinder zuerst mit den langsamen und sanften Bewegungen anfangen.
Mögliche Bewegungsideen:
- schwer beladen im Schneckentempo rutschen
- große Kurven fahren
- kleine Kurven fahren
- im Kreis fahren
- schnelles Fahren auf der „Turbo-Rutschbahn"
- Anfahren und sanftes Abbremsen

Luftballon-Explosion

J. Lamprecht:
Afrika bewegt uns

Alter: ab 4 Jahren
Material: Luftballons

Die Kinder stehen um die Spielleitung herum, die einen Luftballon aufbläst und zuhält. Sie zählt laut: *„Eins, zwei, drei"* und lässt den Ballon auf *„drei"* fliegen. Das Kind, das den Ballon auf dem Boden oder sogar noch im Flug zuerst ergreifen und zur Spielleitung zurückbringen kann, bekommt einen Punkt.

Nach ein paar Runden stellt sich eines der Kinder in die Mitte und lässt den aufgeblasenen Ballon fliegen. Am Ende gewinnt das Kind mit den meisten Punkten.

Wolkenboxen

📖 J. Friedl:
Das Ballspiele-Buch

Alter: ab 3 Jahren
Material: 1–2 Bettlaken, viele leichte Bälle (Wasserbälle, Stoffbälle, evtl. Luftballons)

Zwei Erwachsene halten das Laken leicht gespannt. Die Kinder legen möglichst viele Bälle auf dem Tuch ab, das sich unter der Last wölbt und einer mit vielen Regentropfen gefüllten Wolke gleicht.
Die Kinder lassen es regnen, indem sie die Bälle von unten aus dem Tuch boxen. Je höher die Wolke gehalten wird, umso mehr Bewegung kommt ins Spiel, weil die Kinder hüpfen müssen, um die Bälle zu erreichen.
Natürlich kann die leere Wolke gleich noch einmal gefüllt werden.

Variante für ältere Kinder
Zwei Gruppen treten gegeneinander an und versuchen die Wolken möglichst schnell zu leeren.

Schiffsreise nach Afrika

J. Lamprecht:
Afrika bewegt uns

Alter: ab 6 Jahren

Alle Kinder bis auf eins setzen sich in einen engen Stuhl-
kreis, in dem die Stühle ohne Zwischenräume aneinander
stehen. Das Kind ohne Stuhl geht als Kapitän in die Mitte
und sagt die verschiedenen Wellengänge an.
„Welle nach rechts": Alle rücken einen Platz nach rechts.
„Welle nach links": Alle rücken einen Platz nach links.
Immer wenn die Kinder aufrücken, versucht der Kapitän
einen Stuhl für sich selbst zu ergattern. Gelingt ihm das
nicht, bleibt er in der Mitte. Hat er einen freien Stuhl ge-
funden, verliert ein anderes Kind seinen Platz und wird
zum Kapitän.

Variante ab 4 Jahren

Auf der Schiffsreise nach Afrika tauchen zwischen den
Wellen von rechts und links Piraten auf und lösen eine
Panik aus. Das Kapitänskind hat also eine dritte Mög-
lichkeit, um an einen Stuhl zu kommen, indem es ruft:
„Piraten in Sicht!" Sofort springen alle Kinder auf und
rennen mit dem Kapitän los, um sich einen ganz neuen
Platz zu suchen. Wer ohne Stuhl übrig bleibt, ist der
nächste Kapitän.

Temporeicher Schluss

 A. Erkert:
Das Kreisspiele-Buch

Alter: ab 4 Jahren

Die Kinder stehen nah beieinander im Kreis. Ein Kind
wendet sich seinem rechten Nachbarn zu. Die beiden
Kinder klatschen sich gegenseitig mit den Händen ab und
rufen dazu: „*Tschüss!*" Das zweite Kind setzt das Spiel
auf die gleiche Art mit seinem rechten Nachbarn fort.
So wird das Spiel reihum weitergeführt, bis schließlich
das Ausgangskind wieder an der Reihe ist und eine neue
Runde beginnt. Dabei steigern die Kinder das Tempo,
indem sie sich noch schneller abklatschen. Wie weit können die Kinder das Tempo in der dritten Runde steigern?

Register & Literatur

Register

Literatur

Die Bewegungsspiele aus diesem Buch sowie viele weitere Spiele, Praxistipps und vertiefende didaktische Infos finden Sie in den folgenden Ökotopia-Büchern (s. auch **www.oekotopia-verlag.de**):

Erkert, Andrea: Das Kreisspiele-Buch. Temporeiche und ruhige Spielideen für alle Gelegenheiten. Münster (Ökotopia) 2007.

Friedl, Johanna: Das Ballspiele-Buch. Rollen, werfen, fangen, zielen – Ballspiele mit Kindern für alle Gelegenheiten. Münster (Ökotopia) 2005.

Grüger, Constanze: Bewegungsspiele für eine gesunde Entwicklung. Psychomotorische Aktivitäten für drinnen und draußen zur Förderung kindlicher Fähigkeiten und Fertigkeiten. Münster (Ökotopia) 2002.

Grüger, Constanze & Susanne Weyhe: Kinder in Bewegung mit NaturMotorik. Naturprozesse durch Bewegung erleben und verstehen – für Aktionen drinnen und draußen in Kiga, Hort und Grundschule. Münster (Ökotopia) 2007.

Lamprecht, Johnny: Afrika bewegt uns mit Bewegungsspielen, Spielliedern und Tänzen für Kinder. Münster (Ökotopia) 2009.

Schanz-Hering, Brigitte: Englische Bewegungshits. Die englische Sprache mit Spiel, Rhythmus, Musik und Bewegung erleben und vermitteln. Mit Liedern von Wolfgang Hering. Münster (Ökotopia) 2004.